La estrella fulgurante

Escrito por Margaret Beames

Ilustrado por Kelvin Hawley

Dominie Press, Inc.

Director General: Raymond Yuen
Editor Ejecutivo: Carlos A. Byfield
Diseñador: Greg DiGenti
Ilustrador: Kelvin Hawley

Derechos de autor del texto © 2003 Margaret Beames
Derechos de autor de las ilustraciones © 2003 Dominie Press, Inc.

Derechos reservados. La reproducción o transmisión total
o parcial de esta obra, sea por medio electrónico, mecánico,
fotocopia, cinta magnetofónica u otro sin el consentimiento
expreso de los propietarios del copyright está prohibida al
amparo de la legislación de derechos de autor.

Publicado por:

Dominie Press, Inc.

1949 Kellogg Avenue
Carlsbad, California 92008 EE.UU.

www.dominie.com

1-800-232-4570

Cubierta de cartón ISBN 0-7685-2807-0
Impreso en Singapur por PH Productions Pte Ltd
1 2 3 4 5 6 PH 05 04 03

Contenido

Capítulo 1
Yo no soy *una cosa* 5

Capítulo 2
Muéstrame tu ciudad 10

Capítulo 3
¡Apágala! 14

Capítulo 4
Mirando fijamente y señalando 19

Capítulo 5
Supongo que estamos acostumbrados 25

Capítulo 1
Yo no soy *una cosa*

Una estrella fulgurante atravesó el cielo nocturno. Siguió el trayecto normal que seguiría una estrella fulgurante. Pero después cayó repentinamente en una pequeña colina en medio de una pequeña ciudad. El impacto de su aterrizaje fue tan fuerte, que hizo un hoyo de diez pies de profundidad.

Un rastro de vapor escapó del hoyo. Después, nada.

Amaneció. Andrés despertó temprano. Y como detestaba permanecer en cama siquiera un momento más en un día tan hermoso, se levantó y salió.

Corrió por el camino que llevaba al parque. Él conocía mejor el parque que cualquier otro lugar. Subió la pequeña colina que estaba en medio del parque, como acostumbraba hacer. Pero entonces se detuvo asombrado.

¡Había un hoyo en el suelo que no había estado antes!

Fijó la mirada en el interior del hoyo. Para su sorpresa, una pequeña cara con grandes ojos brillantes y orejas puntiagudas anchas le devolvió la mirada. Era algún tipo de criatura. Cuando vio a Andrés, alzó los brazos como para decir: —¡Álzame!

Andrés tambaleó hacia atrás. ¿Habrá visto realmente lo que acababa de ver?

Él decidió mirar otra vez.

Los grandes ojos todavía lo miraban. Miraron directamente a sus ojos. Entonces un raro sentimiento penetró su mente, como si tuviera algo ahí metido, ¡como si la criatura lo estuviera leyendo como un libro!

Entonces oyó una voz. —Hola —decía—. ¿Puedes entenderme? ¿Eres humano? Era una voz de niña.

Andrés tragó en seco. Esa cosa le estaba hablando. —Sí —dijo—. Soy Andrés.

—Eres muy pequeño. Yo pensé que los humanos eran grandes —dijo la voz.

—Sólo tengo siete años de edad —dijo Andrés—. No he terminado de crecer. Andrés estaba un poco confundido. Veía donde estaba la criatura, pero la voz se oía dentro de su propia cabeza—. ¿Cómo puede hablar en mi mente? —pensó él—. ¿Cómo haría eso?

—De esta manera es mejor —dijo la voz.
—Oh, fabuloso. Puede leer mi mente —pensó Andrés—. ¡Tendré que tener cuidado con lo que pienso! ¿De dónde habrá venido?

—Tú no conoces mi planeta —dijo la criaturita—. Sólo quería sobrevolar y curiosear, pero me acerqué demasiado. Me estrellé, y mi nave espacial está descompuesta. Todavía estoy aprendiendo. ¿Puedes ayudarme?

—Bien —pensó Andrés—, esta cosa parece inofensiva. Y no puedo dejarla en el hoyo.

—Gracias —dijo la criatura, leyéndole de nuevo la mente—. Y no soy *una cosa*. Soy *Tiggy*.

Capítulo 2
Muéstrame tu ciudad

Andrés miró a su alrededor y encontró una rama muerta bajo un arbusto cercano. Tenía justamente la longitud necesaria para que Tiggy alcanzara el extremo y se agarrara con sus dedos largos y delgados.

Tiggy se subió el resto del camino fuera

del hoyo y se paró al lado de Andrés. Ella era más pequeña de lo que él había pensado.

Llegaba justo a los hombros de Andrés. Tenía una cabeza grande, considerando su cuerpecito delgado. Ella era muy extraña, pero le caía bien a Andrés.

Él decidió que debería cuidarla. No había manera que pudiera llegar a su hogar con la nave espacial estrellada.

—Alguien vendrá por mí —dijo ella— cuando oscurezca. Oía de nuevo la voz de ella en su mente—. Ahora veré tu mundo. Comenzó a descender por la colina.

—¡Eh! —dijo él—. ¡No puedes simplemente caminar por ahí así! —exclamó Andrés—. Si alguien te ve, llamará a la policía. Te encerrarán, harán experimentos y todo tipo de cosas extrañas.

—Eso no es problema —comentó Tiggy—. Nadie me verá.

—¿Cómo...? —Entonces Andrés quedó boquiabierto. Tiggy había desaparecido.

En su lugar sólo quedó una vaga bruma. Después la bruma también se desvaneció.

—Es fácil desaparecer cuando uno sabe cómo —dijo su voz.

—¡Huy! —dijo Andrés—. ¿Y tú nave espacial?

—¿Cuál nave espacial? —preguntó Tiggy. Andrés miró hacia atrás y vio que el hoyo y la nave habían desaparecido. No sabía cómo sería la sonrisa de Tiggy, pero pensó que estaría sonriendo en ese momento.

—Ahora —dijo Tiggy—, muéstrame tu ciudad.

Capítulo 3
¡Apágala!

Andrés miró hacia la parte baja de la colina. Pudo ver el brillo del sol sobre los rieles del ferrocarril. Era casi hora de que pasara el tren de la mañana. Le podría mostrar eso a Tiggy.

—Aquí hay algo —dijo él. Los brazos de

la palanca del cruce de ferrocarril estaban abajo para impedir que los carros pasaran, y las luces rojas centellaban. Entonces comenzó a sonar la campana.

—¡Apágala! —chilló la voz de Tiggy en la cabeza de Andrés.

—No puedo —gritó él sobre el ruido—. Dejará de sonar tan pronto el tren haya pasado. Aquí viene.

El tren pasó tronando con un horrible aullido de su pito.

—¿Qué era esa cosa horrible? —preguntó ella. Andrés podía sentir en su propia cabeza el dolor que sentía Tiggy.

—No pienses tanto —protestó él—. Duele.

Estaba por explicar acerca de los trenes cuando observó que algunas personas lo miraban extrañados. Él había estado hablándole en voz alta, pero ella no hablaba, y además era invisible. —Vayámonos —pensó él apuradamente—. Iremos a ver las tiendas.

La llevó hasta la esquina de una calle que tenía semáforo y cruce para peatones.

—¿Qué son tiendas? —preguntó ella—. ¿Y qué son esas cosas grandes de metal que pasan de prisa? ¿Por qué nos hemos detenido?

Estaba haciendo todo tipo de preguntas.

—Podemos cruzar la calle cuando veamos un hombrecito verde —le dijo Andrés.

—¿Verde? ¿Dónde?

—¡Cuidado! —le advirtió Andrés. Él podía ver una figura brumosa a su lado. Ella buscaba por todas partes al hombre verde, sus orejas con forma de murciélago crispando agitadamente. Entonces desapareció otra vez. Andrés confiaba que nadie la había visto. Una niña lo miraba fijamente, pero justo en ese momento pasó un camión enorme, a una velocidad mayor de lo permitido y dejando un rastro de humo negro aceitoso.

El grito de Tiggy llenó los oídos de Andrés

desde adentro. Antes de que le pudiera decir que no se preocupara, pasó un carro de policía a toda velocidad en persecución del camión y con su sirena sonando a todo volumen. Entonces, se oyó un ruido ensordecedor que venía del cielo.

Capítulo 4
Mirando fijamente y señalando

—Es sólo un avión de propulsión a chorro... —comenzó a decir Andrés. ¡Oh, no! ¡Podía verla! Y también la podían ver todos los demás. La gente estaba mirando fijamente y señalando.

—Oye, muchacho, ¿quién es ésa que está

contigo? —gritó un policía.

—¡Nada! Es decir es... es una... Ésta es mi hermanita que está disfrazada. Eso es todo. Trató de mantenerse calmado, pero no pudo. Tiggy tampoco pudo. Ella huyó de un modo extraño, saltando y brincando en el aire sin tocar el piso, algo que ninguna niña pequeña podría hacer. Andrés salió corriendo detrás de ella, tratando de alcanzarla.

—¡La gente puede verte! —jadeó Andrés.
—¡Cielos! —dijo Tiggy, y despareció mientras corría.

Andrés oyó gritos detrás de él. —¿Qué clase de disfraz es ese? ¡Eh, muchacho, para! ¡Atrápalos!

Andrés corrió por la calle tan rápido como pudo. No podía ver a Tiggy, pero de alguna manera sabía que todavía estaba ahí. Sabía que las personas que lo perseguían la habían visto, y peor aún, la habían visto desaparecer. No creían que era su hermanita vestida con un disfraz.

Y ahora la policía sabía que ella existía.

Andrés y Tiggy pasaron cerca de un grupo de trabajadores de construcción que usaban martillos perforadores para romper la calle.

—Rápido —dijo él, casi sin aliento—. Entremos aquí. Viraron y entraron rápidamente en una galería de juegos. Máquinas de juegos tragamonedas echaban ruidos extraños. Unos parlantes colgados en el techo emitían música ruidosa.

—Creo que los perdimos —dijo Andrés. Tiggy comenzó a aparecer, desaparecer, y después aparecer otra vez. Andrés sabía que estaba atemorizada y enfadada.

—¡Demasiado ruido! —dijo ella.

Se sentaron en un sector calmado de la galería. Por lo menos, Andrés pensaba que era más calmado.

—Mi planeta es más calmado —dijo Tiggy—. Hay tanta actividad aquí.

Hay que tener cuidado y estar alerta

—dijo Andrés—. Siempre está pasando una cosa u otra todo el tiempo. Uno tiene que estar despabilado.

Tiggy dejó de desaparecer y miró a su alrededor. —¿Por qué nos estaban persiguiendo esas personas?

Andrés encogió los hombros. —No sé. Algunas personas creen que las cosas extrañas son malas.

—¿Significa eso que yo soy una cosa extraña? —preguntó Tiggy.

—No —dijo Andrés—. Para mí no. Somos amigos.

Tiggy sonrió a su manera, pero Andrés se dio cuenta que todavía estaba molesta por el ruido. Estaba temblando.

—Vayamos a algún lugar donde no haya tanto ruido —dijo Andrés.

—Creo que debería regresar a mi nave espacial —dijo Tiggy.

—Está bien —dijo Andrés. Se levantó y miró hacia arriba y hacia abajo por la calle.

No había nadie por ahí—. Recuerda permanecer invisible esta vez —le dijo a ella.

Capítulo 5
Supongo que estamos acostumbrados

Era mejor bajo los árboles, pero Tiggy parecía estar cansada y soñolienta. Andrés estaba preocupado. ¿Estaría enferma?

—Es el ruido. —Su voz era sólo un susurro ahora. Sus orejas estaban dobladas junto a su su cabeza—. ¿Cómo puedes vivir aquí?

Hay demasiado ruido.

—Supongo que estamos acostumbrados —dijo Andrés.

Andrés estaba con hambre. No había desayunado. ¿Necesitaría comida Tiggy?

—Su tipo de comida no —dijo Tiggy—. Comeré cuando llegue mi nave esta noche. Creo que me quedaré aquí. Es más calmado y más agradable.

—A mí también me gusta aquí —dijo Andrés.

—Espero que no te metas en apuros por mi culpa —dijo Tiggy.

—No te preocupes —dijo Andrés—. Yo puedo convencer a cualquiera. Andrés no quería abandonarla, pero no podía permanecer ahí todo el día. Pronto su mamá estaría preguntándose dónde estaba él.

—Vete. Yo estaré bien —le dijo ella—. Yo puedo esconderme cuando quiera, ¿recuerdas? Andrés asintió con la cabeza.

—Busca una luz brillante en el cielo esta noche —dijo ella—. No me gusta decir adiós. No me digas adiós ahora. Podemos despedirnos entonces.

—Te extrañaré —dijo Andrés.

Tiggy sonrió, casi. Parecía una sonrisa. Andrés le devolvió la sonrisa.

Esa noche, Andrés se paró en su ventana. Una luz brillante atravesó el cielo. —Mira, una estrella fulgurante —dijo su madre.

Andrés sonrió. Él sabía lo que era.

—Adiós, Tiggy. Buena suerte —pensó.

Entonces, oyó una voz distante en su mente. —Adiós, Andrés, y gracias.